Wolfgang Herrndorf

Die Rosenbaum-Doktrin

und andere Texte

Rowohlt Taschenbuch Verlag

Veröffentlicht im Rowohlt Taschenbuch Verlag,
Reinbek bei Hamburg, Mai 2017
Copyright © 2017 by Rowohlt Verlag GmbH,
Reinbek bei Hamburg
Einbandgestaltung any.way, Barbara Hanke / Cordula Schmidt
Illustration Wolfgang Herrndorf © VG Bild-Kunst, Bonn 2016
Satz Adobe Caslon im Verlag
Druck und Bindung CPI books GmbH,
Leck, Germany
ISBN 978 3 499 29129 6

Inhalt

Die Rosenbaum-Doktrin
Wolfgang Herrndorf
im Gespräch mit Friedrich Jaschke

«Derjenige, der die Beschäftigung mit Arithmetik ablehnt, ist dazu verurteilt, Unsinn zu erzählen.»

John McCarthy

In einem Zimmer mit Kochnische in einem Alten- und Pflegeheim in der Berliner Invalidenstraße lebt Friedrich Jaschke. Zwei immergrüne Pflanzen stehen auf der Heizung, unter dem Bett liegen Bücherstapel. Auf dem Nachttisch das Foto einer jungen Frau, ein Wecker, ein Stundenplan für die Medikamente. Friedrich Jaschke empfängt den Besucher auf dem Bettrand sitzend, eine Wolldecke auf den Beinen. Er wurde 1948 in Wismar als erstes von drei Kindern geboren. Vor acht Jahren wurde bei ihm multiple Sklerose festgestellt, vor zwei Jahren Lungenkrebs. Fast wäre er der erste Deutsche im Weltall gewesen.

Herrndorf: Bitte erzählen Sie doch erst mal, wie sind Sie zur Weltraumfahrt gekommen, und was ist das eigentlich, Weltraumfahrt?

Jaschke: Ja, das war als Kind.

Herrndorf: Sie müssen sich etwas vorbeugen, bitte. Und lauter sprechen.

Jaschke: Ja? Das war als Kind. Ich wollte Pilot werden. Immer schon. Ich komme aus einer technikbegeisterten Familie. Ein Onkel von mir, der hat im Garten Strahlraketen gebaut, das war der Wilfried Bronnen, der Raketentechniker von Fritz von Opel. Die ganze Raketenforschung kommt ja aus Deutschland, aus den Zwanzigern, Hermann Oberth, Fritz von Opel, Wernher von Braun. Und da kommt auch die Weltraumfahrt her, von Wernher von Braun. Das war ja der Raketenmann. Der hat im Dritten Reich die V2 gebaut. In Peenemünde und Nordhausen, mit den KZ-Häftlingen aus Dora-Mittelbau [sic], und nach 45 dann mit den Amerikanern Apollo-Programm. Das kann man in diesem einen Hollywood-Film ja noch sehen, *Dr. Seltsam*, das ist ja Wernher von Braun. Das ist der Anfang vom Weltall, ob einem das gefällt oder nicht.

Herrndorf: Wieso durfte ein Nazi das Raumfahrtprogramm der Amerikaner machen?

Jaschke: Nazi … na ja. Auf seinem Gebiet war er halt sehr gut. Dass von Braun das gemacht hat, das war auch seine eigene Entscheidung, nicht die Entscheidung der Amerikaner.

Herrndorf: Inwiefern?

Jaschke: Im April 45, als alles am Ende war, hat von Braun seine Mannschaft genommen, 450 Leute, und sich in die Hände der Amerikaner fallenlassen. Das war geplant, da wurde abgestimmt. Von Braun hat zu seinen Männern gesagt: Was machen wir? Und vor den Russen hatten die meisten Angst. Die Franzosen waren technisch unbegabt, und die Engländer hatten nicht genug Geld, um Raketen zu bauen. Und das war ja die Absicht. Blieben also nur die Amis. Und da haben sich von Braun und Dornberger mit ihren Leuten dann nach Süddeutschland abgesetzt, Peiting, Nähe Oberammergau, und sind übergelaufen. Dazu mussten sie einen Zug kidnappen. Die haben den Nazis einen ganzen Zug weggenommen, damals fuhr ja schon nichts mehr.

Herrndorf: Und wie haben die Amerikaner reagiert?

Jaschke: Positiv. Natürlich. Die waren ja auch schlau. Die haben sofort begriffen, was ihnen da in die Hände gefallen ist. Das hat keine zwei Stunden gedauert, dann haben die ein Kommando durchs verwüstete Deutschland geschickt, nach Peenemünde und nach Nordhausen, und die haben alles da rausgeholt, was noch rumlag, die V2 und die ganze Technologie, und danach haben sie alles in die Luft gesprengt.

Herrndorf: Aber Peenemünde liegt auf Usedom. Gehörte das nicht zur sowjetischen Besatzungszone?

Jaschke: Das war das eben. Als die Russen nach Peenemünde kamen, haben sie nur noch dritte Garnitur gefunden. Drittklassige Elektrotechniker, Kaffeekocher, Lehrlinge, aber die haben sie trotzdem alle einkassiert. Einen Teil nach Sibirien und mit dem Rest ihr eigenes Raumfahrtprogramm gestartet. Ein Onkel von mir auch dabei. Und das war das Erstaunliche: Plötzlich war Russland im Weltall, lange vor den Amis. Mit dem Sputnik 57, mit Gagarin 61. Damit hatte keiner gerechnet.

Herrndorf: Und wie kam das? Wie haben sie das geschafft, die Amerikaner zu überholen?

Jaschke: Die UdSSR war ja ein Agrarstaat, technisch völlig unterentwickelt, aber große Ressourcen. Und es war eben eine Imagefrage. Die haben da richtig Geld reingepulvert. Wo sie gut waren, das war die theoretische Physik, da hatten die gute Leute. Ziolkowski und so. Und eine andere Sache war: Der Technologie-Rückstand, den wir hatten, war plötzlich ein Vorteil. Weil, wir haben an Schaltelementen ja nur gehabt, was wir über Spionage aus dem Westen bekommen haben. Das wurde in Russland alles nachgebaut, aber schlecht. Transistoren aus russischer Produktion waren so groß wie Streichholzschachteln. Und der erste russische Satellit wie ein Einfamilienhaus. Um so was ins All zu kriegen, mussten von Anfang an überdimensionierte Trägerraketen entwickelt werden. Deshalb hatten wir dann einen Vorsprung bei der Raketentechnik. Auch bei der Rüstung, die Mittel- und Langstreckenraketen. Von der SS-12 bis zur SS-20, die basierten alle auf der frühen Sojus. Das war ein Schock für die Amerikaner.

Herrndorf: Aber es gab auch Rückschläge.

Jaschke: Die Mondsache, klar. Mond war natürlich die Königsdisziplin. Da war ja durch gegensei-

tige Spionage klar, das geht jetzt los, 69, und dann
kommt von Chruschtschow der Befehl: starten. Da
war das Modell aber noch nie gestartet. Das war
ein Wahnsinn. Da standen die noch und haben
geschraubt. Und vier Wochen vor Cape Canaveral
kommt es in Baikonur zur ersten Mondmission, und
was tatsächlich passierte, wurde erst vor ein, zwei
Jahren aufgeklärt. Da hat ein Techniker ein Ventil
zuerst geöffnet, und dann gibt es Filmaufnahmen
von da, die hab ich auch erst letztes Jahr gesehen.
Ich hab geweint.

Herrndorf: Was sieht man da?

Jaschke: Inferno. Hunderttausend Liter Treib-
stoff. Menschen als Fackeln … ich will da nicht
drüber reden. Können Sie sich selbst anschauen.

Herrndorf: Dann mal zu Ihnen, zu Ihrer Ausbildung. Sie haben Ihre Ausbildung 1977 zusammen
mit Sigmund Jähn gemacht. Ein Jahr, bevor Jähn im
Weltraum war, der erste Deutsche. Richtig?

Jaschke: Richtig.

Herrndorf: Sie haben Nukleartechnik studiert
zuerst, dann haben Sie den Flugschein gemacht
und sind in das Ausleseprogramm für Kosmonauten

gekommen, nach Moskau, in das sogenannte Sternenstädtchen. Ich kann mir vorstellen, dass es sehr schwierig war, da reinzukommen?

Jaschke: Für mich nicht. Die Tests waren hart, natürlich völlig unvorstellbar für westliche Verhältnisse, aber das waren alles Sachen, die mir lagen.

Herrndorf: Was für Sachen?

Jaschke: Zuerst mal natürlich Kenntnisse der theoretischen und praktischen Physik, Kybernetik, all das. Ganz wichtig aber auch, man musste Techniker sein, mit Lötkolben und Rohrzange umgehen können. An Bord der Saljut damals wurden ja eher Klempner gebraucht, und mein Großonkel Wilfried Bronnen war auch Klempner gewesen. Das hatte ich im Blut. Und dann natürlich körperliche Fitness, das hatte ich damals alles. Ich bin Marathon in 2:31 gelaufen.

Herrndorf: Ist das schnell?

Jaschke: Das ist sehr schnell. Olympiarekord damals war 2:14. Sieht man mir heute nicht mehr an, nicht? Aber damals war ich urst schnell. In der DDR wurden ja nicht nur Sportler gedopt. Da war ja vom Parteisekretär bis zum BK VI alles unter Strom.

Herrndorf: Aha?

Jaschke: Heute ist das alles … na ja. Und dann psychische Stabilität. Das war der härteste Teil der Ausbildung. Das war ganz anders als im Westen. Im Westen sind die von der psychischen Stabilität ja praktisch ausgegangen. Die haben ihre Piloten danach ausgesucht. Die haben mit Fragebögen angefangen und geguckt, wie verhält einer sich, ist der gruppentauglich, und dann haben die denen noch Physik und Turnen und so was beigebracht. Bei uns lief das umgekehrt. Bei uns wurde nur nach Intelligenz gesiebt und dann die psychische Stabilität hinzugefügt. Jedenfalls war das der Versuch. Jeder Psychologe kann Ihnen das sagen, das geht nicht. Und das ging auch nicht.

Herrndorf: Aber man kann den Leuten doch beibringen, wie sie sich in bestimmten Situationen verhalten sollen? Managertraining und so.

Jaschke: *(hustet)* Ja, Quatsch. Managertraining, Quatsch. Das geht nicht. Aus einem Neurotiker machen Sie keine Führungspersönlichkeit. Und ich will niemandem zu nahe treten, aber im Weltall müssen Sie mehr können als ein Manager. An

Bord der Saljut war für alle Fälle immer eine Kiste Wodka. Man kann das ein wenig trainieren, die Psyche. Aber da sind eben viele gescheitert. Und dann Wodka als Schmiermittel. Das funktionierte nur suboptimal.

Herrndorf: Und wie sah Ihre Ausbildung dann genau aus? Also in Stabilität, aber auch das andere?

Jaschke: Viel körperliches Training, Laufen mit Gasmaske, Handgranatenweitwurf, wir waren ja Soldaten. Aber auch Isolationszelle zum Beispiel, das war gefürchtet. Schweinestall nannten wir das. Leben unter Weltraumbedingungen. Weiß der Laie ja oft gar nicht: Das Schlimmste da oben ist der Gestank. Im Weltall können Sie nicht lüften. Da wurden wir zu zweit in einen vier Quadratmeter großen Raum gesperrt, Sauerstoffmangel, Redeverbot, Schlafverbot, keine Gegenstände, und dann wurde geguckt, ob einer durchdreht. 72 Stunden, manchmal länger. Hinterher Selbstkritik. Auch wenn man gut war, da wurde man auseinandergenommen.

Herrndorf: Sie haben das aber alles gut überstanden.

Jaschke: *(hustet)* Ja, natürlich. Ich bin dann ja

auch genommen worden. Aber wir haben mit über 800 Leuten angefangen, und da sind drei oder vier übrig geblieben. Der Rest ist verschwunden.

Herrndorf: Wie, verschwunden?

Jaschke: Die sind alle weg, keine Ahnung. Es war nicht erwünscht, dass man Kontakt hält. Ich bin ja mit Jähn und Reiter und Harprecht ausgewählt worden … Eine wichtige Sache war auch das Kopfrechnen. Bis 1982 waren in der russischen Raumfahrt praktisch keine Computer im Einsatz. Das war ja alles von Robotron, und Robotron hat alles im Westen geklaut, und auf diese Maschinen war kein Verlass. Man musste mit dem Rechenschieber umgehen können. Jeder Astronaut hatte an seinem Raumanzug so 'ne längliche Tasche für den Rechenschieber, hier am Oberschenkel.

Herrndorf: So wie heute für das Handy?

Jaschke: Genau. Wurde auf Fotos später rausretuschiert, aber hatten wir alle. Und da musste man Virtuose drauf sein. Da musste man zaubern können. Von Gagarin bis Dobrowolski, also 71, also bis Sojus 11 wurde praktisch alle Navigation mit dem Rechenschieber gemacht. Das war sicherer, als sich auf die Maschinen verlassen. Die Maschinen haben eine gewisse Grundsteuerung gemacht, aber die komplexeren Manöver wurden zur Sicherheit im Kopf gerechnet. Und das war auch so eine Sache bei der Ausbildung. Die haben nur Zahlengenies genommen. Bei der Prüfung musste man die Wurzel aus einer achtstelligen Zahl ziehen. Wer da länger als eine halbe Sekunde gebraucht hat, konnte gleich in die Braunkohle.

Herrndorf: Sie meinen, im Kopf? Sie können die Wurzel aus einer achtstelligen Zahl im Kopf ausrechnen?

Jaschke: Ja.

Herrndorf: Was ist denn zum Beispiel die Wurzel aus einer Million sechshundert …

Jaschke: Million hat sieben.

Herrndorf: Was?

Jaschke: Sieben Stellen. Million hat sieben.

Herrndorf: Also schön, die Wurzel aus fünfzehn Millionen sechshundertdreiundachtzigtausendvierhundertneunundzwanzig?

Jaschke: Dreitausendneunhundertsechzig Komma irgendwas … Komma zwei drei null. Ich bin heute nicht mehr so schnell, früher war ich schneller. Ich war doppelt so schnell wie Jähn. Aber Jähn war auch der Liebling.

Herrndorf: Der Liebling?

Jaschke: Parteiliebling.

Herrndorf: Sie wollen sagen, er wurde bevorzugt?

Jaschke: Ich will gar nichts sagen. Ich will mich da juristisch nicht … ich kann mal so viel sagen: Ich war sehr enttäuscht. Ich war kurz vorm All, und ich hatte mit Abstand die besten Leistungen. Körperlich. Geistig. In allen Bereichen. Und dann Jähn.

Herrndorf: Also eine politische Entscheidung?

Jaschke: Nein, nicht politisch. Politisch war ich sauber. Das waren andere Gründe.

Herrndorf: Was für Gründe?

Jaschke: Ich könnte Ihnen Sachen erzählen, da würden Sie mich für verrückt halten.

Herrndorf: Bitte.

Jaschke: Nein … das geht nicht. Die meisten sind ja noch am Leben. Ich kann mal Orgien als Stichwort sagen. Oder Kinder. Tiere. Alles.

Herrndorf: Aha. Nun gut. Kommen wir zu etwas, was Sie im Vorgespräch erwähnten, den Rosenbaum-Effekt.

Jaschke: Doktrin.

Herrndorf: Was?

Jaschke: Rosenbaum-Doktrin.

Herrndorf: Ja. Was ist das genau, die Rosen-baum-Doktrin?

Jaschke: Das war eine Doktrin, wie auf das Uner- 19 klärliche reagiert werden sollte. Nach Rosenbaum.

Herrndorf: Also im All? Auf Störungsfälle?

Jaschke: Nein, nicht auf Störungsfälle … na ja. Also, wie auf Irrationales reagiert werden sollte. Die Sowjetunion war ja offiziell ein atheistischer Staat. Und ein Ziel der Raumfahrt war, die technologische Überlegenheit des kommunistischen Menschen zu zeigen und damit zusammenhängend, dass der Mensch das höchste Wesen ist. Es gibt ja diesen berühmten Dialog, der mit Gagarin nach seiner Landung geführt wurde, Sie kennen das. Da steigt Gagarin aus der Kapsel, und sie fragen ihn, ob er bei seinem Weltraumspaziergang irgendwas gesehen hat, also praktisch Gott. Und Gagarin antwortet, nein, da oben ist nichts. Dieser Dialog war natürlich abgesprochen. Genauso wie der des Amerikaners Armstrong: ein kleiner Schritt für mich, ein großer Schritt für die *Menschheit*, blabla … um die Russen zu demütigen. Der Text war übrigens von Norman Mailer.

Herrndorf: Von Norman Mailer, dem Schriftsteller?

Jaschke: Ja, dieser Stierkampf-Schriftsteller. Da hatte es einen Wettbewerb bei der NASA gegeben, man wollte irgendein Bonmot. So auch bei Gagarin.

Herrndorf: Und das war jetzt die Rosenbaum-Doktrin, dass man sagt, wir können beweisen, dass es Gott nicht gibt. Weil, da oben ist der nicht.

Jaschke: Nein, nein. Das war ja so. Das war 'ne problematische Sache. Dieser Atheismus war ja nur Opium fürs Volk. In Wirklichkeit waren natürlich alle zutiefst gläubig, also im Sinne von abergläubisch auch, allen voran die Parteispitze. Keine politische Entscheidung, ohne dass der Mann mit dem Pendel kommt. Chruschtschow. Aber auch die meisten Physiker und Piloten eben, die sind alle abergläubisch. Alle Leute, die sich mit Fliegerei beschäftigen, haben irgendwo einen Hau. Die glauben nicht an Gott, aber die denken, wenn sie eine Stiege rückwärts hochgehen, passiert ein Unglück. *(lacht)* Im Weißen Haus dasselbe. Ganz wenige Ausnahmen. Und das war jetzt das Problem: Man wusste nicht, was einen da im Weltall erwartet. Man ging da hoch, aber man wusste nicht, was ist da. Auch die Physiker wussten es nicht ganz genau, da gab es einander widersprechende Voraussagen. Es gab eine gar nicht so kleine Fraktion, die sagte, das geht nicht, der Mensch kann da nicht hoch, da fliegt dem alles auseinander. Das war eine Angst. Deshalb hat man ja auch erst mal Hunde und Affen und so was hochgeschossen, das ist alles überhaupt nie dokumentiert und bis heute nicht bekannt, aber die UdSSR hat einen kompletten Zoo da hochgeschossen, auch Pflanzen und Klone und alles, und dann wusste man immer noch nicht: Wie wirkt das psychisch? Weil, Tiere sind ja ganz anders.

Herrndorf: Also so ähnlich wie bei der Eisenbahn, als sie die Eisenbahn erfunden haben, wo die Experten ein Delirium furiosum voraussagten?

Jaschke: Exakt so. Andererseits gab es ja wirklich diese Dinge, die man nicht erklären konnte, in den Anfängen. Da kamen Raketen einfach nicht zurück, da fielen Dinge vom Himmel, die man gar nicht raufgeschossen hatte, da gab es diese Phänomene, die nicht in das damalige Physikbild passten. Der Bolzen-Effekt, das Antonowitsch-Diskontinuum. Oder diese Lichtblitze, die die ersten Kosmonauten gesehen hatten: plötzlich ein inneres Leuchten. Heute weiß man, das sind Protonen, die ungebremst auf die Netzhaut treffen. Und da gab es halt eine Reihe von Dingen. Und dafür gab es dann die Rosenbaum-Doktrin. Rosenbaum war Kybernetiker, Leonid Rosenbaum. Der hat 57 oder 58 die Leitung in Baikonur übernommen, der hat ein, zwei Entdeckungen zur Antriebssteuerung gemacht und ist dann später nach Sibirien. Aber der hat eben diese Doktrin mitgestaltet, die im Wesentlichen sagt, wie auf Unerklärliches zu reagieren ist. Und diese Doktrin sagte: Es gibt nichts Unerklärliches.

Herrndorf: Aber das ist doch ganz in Übereinstimmung mit dem offiziellen Atheismus.

Jaschke: Nein, das Gegenteil. Es gibt nichts Unerklärliches, konkret hieß das in der sowjetischen Fachsprache: *Wenn* da oben etwas Unerklärliches auftaucht, also was auch immer – Außerirdische –, erschießen wir das mit der Bordkanone und tun so, als hätten wir nichts gesehen. *(lacht)* Das war die Rosenbaum-Doktrin. Darauf wurden ab Gagarin alle vereidigt, auch das Bodenpersonal. Und die wurde offiziell nie abgeschafft. Stand am Ende nur noch als Fußnote da. Aber Sigmund Jähn hat da auch noch drauf geschworen. Das war immer im Hinterkopf.

Herrndorf: Sie meinen also, es ist möglich, dass Sigmund Jähn einen Außerirdischen auf dem Gewissen hat, und keiner weiß davon?

Jaschke: Das haben jetzt Sie gesagt.

Herrndorf: Oder Gagarin hat Gott gesehen, aber es nicht zugegeben …

Jaschke: Da müssten Sie Gagarin fragen.

Herrndorf: Was meinen Sie damit?

Jaschke: Nichts.

Herrndorf: Sie schauen so.

Jaschke: Wie schaue ich? Sehen Sie, ich bin ein alter Mann. Ich habe vielleicht noch sechs oder acht Monate. Und ich persönlich glaube nicht an Gott. Aber ich war, wie gesagt, auch nie da oben. Ich kann nur sagen, was aus Gagarin geworden ist. Aus allen diesen Leuten.

Herrndorf: Ja?

Jaschke: Gagarin ist rumgegangen wie ein billiger Wanderpokal, das war ja das Vorzeigeflittchen vom ZK. Aber irgendwas hat der nicht verkraftet. Gagarin ist zum Säufer geworden, und dann wurde er dem ZK peinlich, und bei einem Flugzeugunglück haben sie ihn abgestürzt. Im Westen war das nicht anders.

Herrndorf: Da kann ich Ihnen nicht folgen. Was soll das heißen? Dass Leute beiseitegeschafft wurden, die Gott gesehen hatten?

Jaschke: Nein, natürlich nicht. Das ist ja nur ein Beispiel. Gagarin ist nur ein Beispiel. Außerirdischer ist nur ein Beispiel. Was man weiß, ist nur: Gagarin hatte eine Waffe an Bord, eine Makarow. Die Makarow hat acht Schuss. Und als Gagarin aus dem All zurückkommt, fehlt ein Schuss. Und da gab es eben viel Irrationales. Da hatte man einfach Angst. Bei der NASA übrigens genauso, wenn Ihnen das paranoid vorkommt. Da gab es ähnliche Denkrichtungen. Kann man sehen an diesem Film *2001 – Odyssee im Weltraum*, das ist praktisch verfilmte Rosenbaum-Doktrin. Sinngemäß für den Westen. Und Sie müssen sich nur mal diese Interviews anhören. Wie die immer rumreden, ja, ja, schöner Flug, herrliche Aussicht auf die Erde, man fühlt sich so klein, bliblablub. Ist das nicht verblüffend? Kein Einziger, der im All war, hat bislang irgendetwas Nennenswertes gesagt oder geschrieben, die reden alle, als wären sie auf Mallorca gewesen, schöner Urlaub und so. Interessant sind die, die nicht zurückgekommen sind. Aber die sind tot. Und alle anderen: Funkstille. Ulf Merbold, der erste Westdeutsche im All. Wenn Sie den reden hören, der redet nur Stuss. Und was macht der heute? Den Grüßaugust bei Supermarkteröffnungen. Und da fragt man sich doch, was ist da los? Ist das alles, was bei der Raumfahrt rauskommt?

Herrndorf: Ist das bei Fußballern nicht genauso? Die können halt sehr gut Fußball spielen, und reden können die nicht so gut, und am Ende kommt dann die Lotto-Toto-Annahmestelle.

Jaschke: Bei Gagarin kam ein Grabstein mit gekreuzten Sojus-Raketen drauf. Steht auf dem Moskauer Uljanow-Friedhof und sieht exakt so aus wie das Emblem von dem amerikanischen Rüstungskonzern Lockheed. Das ja wiederum dem Wappen der Templer von …

Pflegeschwester: Herr Jaschke?

Jaschke: Der Templer von … ja?

Pflegeschwester: Herr Jaschke, sind Sie bald fertig? Es gäbe dann jetzt Mittagessen.

Jaschke: Ja, gut. Was gibt es denn? Wir sind dann jetzt auch fertig, oder?

26   *Herrndorf*: Ja. Vielen Dank für das Interview, Herr Jaschke.

Friedrich Jaschke starb vier Wochen nach diesem Gespräch, am 12. Dezember 2006.

Zuerst erschienen in der Heftreihe «Schöner Lesen» des Verlags SuKuLTuR, Berlin 2007.

Scham & Ekel GmbH

Mir ist es peinlich, auf der Straße die Richtung zu ändern, wenn ich etwas vergessen habe. Ich wechsle vorher mindestens die Straßenseite oder binde mir die Schuhe neu, bevor ich umkehren kann. Schwer zu beschreiben, warum. Ich glaube, es gibt Leute, die kennen das. Und es gibt Leute, die kennen das nicht, und denen kann man es dann auch nicht erklären. Es hat irgendwas mit Scham zu tun.

Hauptschamknotenpunkte, wenn man das mal aussprechen möchte, Hauptschamknotenpunkte des modernen Lebens sind der Supermarkt und die U-Bahn. Wenn man aus Versehen mit der U-Bahn eine Station zu weit gefahren ist, gibt es vier Möglichkeiten.

A) Man geht zum Süßigkeitenautomaten auf der Bahnsteigmitte, hantiert ein wenig herum und lässt mindestens eine U-Bahn vorbeifahren.

B) Man geht die Treppen rauf, läuft oben um

den Häuserblock und steigt dann in den gegenüber-
liegenden U-Bahn-Schacht wieder ein. (Gerd-Hen-
schel-Variante)

C) Man reißt schon beim Aussteigen die Augen
zu Untertassengröße auf, patscht sich mit der fla-
chen Hand laut sichtbar an die Stirn und ruft: «Ich
Idiot!», bevor man kopfschüttelnd den Zug in die
andere Richtung nimmt.

D) Man steigt gar nicht aus und fährt woanders-
hin. (Kathrin-Passig-Taktik)

Variante C funktioniert m.E. nur, wenn man
eine ältere Frau mit Einkaufstüten ist, und Variante
D ist selbst mir zu blöd. Ein Dilemma, insgesamt.
Vermutlich kann man die Menschheit anhand von
A, B, C und D auch in vier Gruppen einteilen. Die
milde Faszination der Psychologie.

Bin ich jetzt ein Zwangsneurotiker? Ich weiß
es nicht. Ich musste in meinem Leben noch nicht
allzu viele neurologische Tests ausfüllen. Ich erin-
nere mich nur, dass dabei immer die vollkommen
arbiträre Frage nach der Anzahl der Selbstmörder
in meiner Familie auftauchte. Meine Persönlichkeit
wurde unzureichend erforscht.

Was ich gern einmal sehen würde, wäre ein Persönlichkeitstest, der sich mit wirklich wichtigen Dingen beschäftigt wie «Ich habe als Kind gern Tabellen gezeichnet» oder «Ich komme aus einer intakten Familie, habe mir aber immer vorgestellt, sie wäre nicht intakt» oder «Die Monster unter meinem Bett waren so groß, dass sie eigentlich nicht drunterpassten».

Oder – um mal wieder auf die Scham zurückzukommen: «Schämen Sie sich, allein in einem Lokal zu sitzen?» Diese Frage müsste ich mit Ja beantworten. Ich schäme mich, allein in einem Lokal zu sitzen. Weil es so aussehen könnte, als hätte man mich versetzt. Da hilft alles nichts. Das in Anankastikerkreisen empfohlene Mitbringen von Lektüre zur Überbrückung der Wartezeit wird von Kreisen mit qualifiziertem Geschmack, denen ich ebenfalls angehöre, strikt abgelehnt. Gerade hier in Ostberlin ist das Kneipenlesertum unangenehm verbreitet. Ich habe schon Leute gesehen, die bei Kerzenschein und großem Tumult drei Stunden Adorno vortäuschten. Es ist offensichtlich, dass diese Leute nicht mal jemanden haben, mit dem sie sich verabreden könnten, damit er sie versetzt.

Mit oben erwähntem Schriftsteller Gerd Henschel, für den Scham & Ekel auch deutlich mehr ist als eine jüdische Verleihfirma, führte ich darob über einige Wochen hinweg einen sog. Schambriefwechsel, der allerlei Unerfreuliches zutage brachte.

Herr Henschel ist zum Beispiel nicht imstande, Klopapier der Marke *Hakle Feucht* zu kaufen. Er ist sogar eigentlich überhaupt nicht imstande, Klopapier zu kaufen. Weil man ihn dann an der Kasse für einen Menschen halten könnte, der «Verdauung hat». Ich habe herzlich gelacht, als ich das las. Der Herr Henschel!

Ich dagegen hatte als Kind eine sehr begründete Angst vorm Erwerb des dicken, fleischigen Hubba-Bubba-Kaugummis. *Hubba-Bubba*. Das muss man sich mal vorstellen. Selbst wenn es damals schon anonyme Supermärkte gegeben hätte und ich den Namen nicht hätte aussprechen, sondern das Kaugummi lediglich aufs Fließband legen müssen, hätte ich es nicht geschafft. Etwas von der Imbezillität des Produktes wäre auf mich zurückgefallen.

Schlimmer waren nur die Eissorten. Hier standen sich die Kreativabteilungen der Firmen Langnese und Schöller in nichts nach. *Grünofant* war geradezu ein Grenzfall. In der Regel aber habe ich lieber die auch geschmacklich leider harmlosen *Berry* oder *Capri* gekauft, als Namen auszusprechen, die jeden Sommer wechselten und denen unschwer anzumerken war, dass sie auf eine grenzdebile Klientel namens Kinder zugeschnitten waren, für deren Mitglied ich nicht gehalten werden wollte. *Flutschfinger, Dolomiti, Tschisi* und *Nougatti*. Es war wirklich unerhört. Ich meine, wer denkt sich so was aus?

Ich bin sicher, auch heute noch gibt es an den Eisständen Abbildungen der Eise hauptsächlich, damit empfindsame Kinder «Das da!» statt «Einmal *Ed von Schleck*, bitte» sagen können.

Was mir ebenfalls Probleme bereitet, ist, im Supermarkt Kondome zu kaufen, wenn ich gerade keine Beziehung habe. (Sonst nicht.) «Ha, der kauft ja Kondome!», denken dann alle. «Obwohl er nicht mal eine Beziehung hat! Also auf Vorrat! Er macht sich Hoffnungen! Er denkt wohl, er ‹könne› bald mal wieder! Hahaha! Der widerliche Onanist!» Fremder Leute Gedanken sind ein offenes Buch für mich.

Außerdem geniert mich der Erwerb von Fertiggerichten. Früher, als ich noch nicht kochen konnte, war das weniger problematisch, denn wenn dann jemand dachte, «der kann ja nicht mal kochen», hatte er wenigstens recht. Aber seit ich leidlich in die Geheimnisse des Dünstens und Bratens eingeweiht bin, vermag ich Konserven eigentlich nicht auf das Laufband zu legen, ohne nicht wenigstens ein bisschen frisches Gemüse dazuzutun oder andere Waren, die den Umstehenden meine geglückte Sozialisation demonstrieren sollen. Das Gemüse kann ich dann zu Hause in die Tonne kloppen. Wenn ich schon Fertiggerichte kaufe, esse ich die natürlich auch.

Im Gegensatz zum Amokschämen in der U-Bahn ist die Scham im Supermarkt jedoch berechtigt. Wenn vor mir in der Schlange eine alte Frau ihre Intimsphäre in Form von sechs Flaschen Fusel und 50 Gramm Natowurst aufs Fließband hievt, denke ich ja auch: «Die verkommene Sau! Erst meine Beiträge zur Rentenversicherung versaufen und sich dann genüsslich Wurst in den Mund stopfen!» Und ich schiebe meine Fertiggerichte, Kondome und sechs Flaschen Fusel mit nichts weniger als Erleichterung hinter ihr aufs Band.

Statt der sinnlosesten Erfindung der Neunziger, der Diskretionszone, hätte man der Menschheit einen großen Dienst erweisen können durch die Anbringung von Sichtblenden an Einkaufswägen und Supermarktkassen. Und meinetwegen auch an Mitmenschen. Statt prima leben und sparen – blickdicht einkaufen und weg.

Womit wir auch schon bei der Pubertät sind. Pubertät ist ja bekanntlich das Schlimmste überhaupt. Kaum begreiflich, wie die Evolution es geschafft hat, eine Schamvollzugsveranstaltung wie die Pubertät zu kreieren, ohne die Spezies dem Artentod zu überantworten. Ich schämte mich zum Beispiel immer für meine Eltern, mit denen ich nicht in der Öffentlichkeit gesehen werden wollte. Eltern zu haben war *per se* peinlich. Ich weiß im Nachhinein auch nicht, warum das so war. Aber es war so. Und natürlich hatten auch alle anderen Leute «Eltern», wie man überrascht feststellen konnte. Aber es war so ähnlich, wie Hämorrhoiden zu haben, ein absolutes Tabuthema. Diese pubertäre Scham wurde gelegentlich gefolgt von der sogenannten Metascham, die darin besteht, dass man ab einem gewissen Alter, in dem man eigentlich erwachsen sein sollte, sich schämt dafür, dass man sich immer noch für seine Eltern schämt.

34   In der Regel schäme ich mich aber lieber für mich selbst. Als ich noch Kunst studierte, eine der zwei großen Fehlentscheidungen meines Lebens, und regelmäßig durch halb Deutschland trampen musste, habe ich immer jedem Autofahrer auf die Frage Nummer zwei erklärt, ich sei BWL-Student. Und das war auch gut so. Erstens hielten mich die Autofahrer dann nicht für homosexuell und zweitens nicht für einen Vollidioten.

Hätte ich das meiner Kunstprofessorin Frau Sack-Colditz damals erzählt, hätte sie mich vermutlich geschlagen. Sie gab ihren Studenten Ratschläge wie: «Ziehen Sie sich mal etwas künstlerischer an, schließlich sind Sie Kunststudenten!» oder «Transzendieren Sie mal!» oder auch «Jesus hat die Welt erlöst, das ist bewiesen!», und belehrte mich so en passant, was Peinlichkeit wirklich bedeutet.

Einzig nennenswerte Folge dieses Studiums war

übrigens, dass ich bis heute mit allerlei Existenz-
ängsten (hier ausnahmsweise der Plural) zu kämp-
fen habe. Von denen sich versöhnlicherweise jedoch
sagen lässt, dass sie so groß wie meine Furcht, auf
der Straße die Richtung zu wechseln, auch wieder
nicht sind.

Zuerst erschienen in: Der Rabe. Magazin für jede
Art von Literatur, Nummer 62 (Juli 2001), S. 147–151.

Klagenfurt
Ein erfundener Erfahrungsbericht
über das Ingeborg-Bachmann-Wettlesen
am Wörthersee

I: Theorie

Mein Hauptproblem war die Kleidung. Im Jahr
zuvor hatte Klagenfurt vor etwas Ockerbraunem
stattgefunden, das aussah wie der Hintergrund zu
einer Holocaust-Dokumentation. Gedeckte Töne
hätte man dazu überhaupt nicht tragen können,
keine hellen Anzüge, irgendwie gar nichts Helles.
Ich rief schon im Dezember beim Organisations-
komitee an, um herauszufinden, welche Farbe der
Studiohintergrund diesmal haben würde, ich wollte
mir einen Anzug schneidern lassen. Man antworte-
te nicht. Ich schickte ein Fax mit der Bitte um Farb-
angaben im HKS-System, die Verantwortlichen
wussten nicht, worauf ich hinauswollte. Mein Text
sei noch nicht eingegangen, mehr könne man für
mich wirklich nicht tun. Das spricht fürs Deutsche
Fernsehen, dachte ich, dass sich mit Farben keiner

auskennt, hier geht es noch um Inhalte! Irgendwann bekam ich mit, dass das Deutsche Fernsehen gar nichts damit zu tun hat. Klagenfurt liegt irgendwo in Österreich.

Na gut, dachte ich, schreib ich erst mal einen Text. Aber worüber? Ich wertete alle Wettbewerbsbeiträge der Vergangenheit aus. Ein guter Beginn war eine Landschaftsbeschreibung, wo ein Schwarm Vögel in schwerem Metaphernsalat über den Himmel flog. Dann kamen zwei Seiten nebelhaftes Tasten, dann die Hauptfigur, die auch ein Gegenstand oder Pilz sein konnte. Der Pilz guckte aus dem Fenster und machte sich Gedanken über das, was er gesehen hatte, sowie die Unmöglichkeit, es zu reflektieren. Die Gedanken zerfallen im Pilz wie modrige Morcheln. So ähnlich. Nach etwa drei Vierteln des Textes konnte man sagen, worum es ging. Gut waren ein fehlender Vater, fehlende Liebe, fehlende Übersicht oder ein Loch in der Häuserzeile, wo vor vielen Jahren mal ein Jude drin gewohnt hatte. Der Jude hatte ein Schicksal der Verfolgung erlitten – nicht sehr originell – aber das war Vorschrift. Eine Theologie- oder Judaistikstudentin entdeckte seine Aufzeichnungen, die mit abgebrannten Streichholzstummeln auf Butterbrotpapier gekratzt waren, spürte dem Elend nach und wurde von Hooligans erschlagen. Das alles fiel mir nicht schwer, ich schrieb einen tollen Riemen, den ich an Klaus Nüchtern schickte. Das war der Juror. Nüchtern rief mich sofort zurück und sagte, er habe schon meinen Roman toll gefunden, und an diesem Text könne man sehen, wie hervorragend ich schreiben könne, aber es sei ja wohl der komplette Stuss. Also schickte ich einen anderen Text, der ging dann.

Zwischenfrage: Was wollte ich eigentlich in Klagenfurt? Man wurde das Gefühl nicht los, sich rechtfertigen zu müssen. Goetz hatte sich an Ort und Stelle selbst bestraft, Nadolny seinen Preis verschenkt, Georg Klein schrieb nur noch Fußballreportagen. Warum wollte ich dahin, wo keiner hinwollte? Ich danke Ihnen für diese Frage. Lassen Sie es mich so formulieren.

Martin Walser inszeniert zu jedem Buch einen eigenen Skandal und hat es in der Liste der reichsten Deutschen auf Platz 34 gebracht. Einmal instrumentalisierte er sogar Auschwitz, um auf die

Bestsellerlisten zu kommen (was mir persönlich zu weit ging). Sonderbarerweise lautete seine These damals, in Deutschland würde zu viel Auschwitz instrumentalisiert. Gelesen hatte ich von Walser nie etwas, nun wandte ich mich angeekelt ab. Sogar ein, zwei Tageszeitungen äußerten leichte Kritik.

Eine andere Möglichkeit war, Tabus zu brechen wie ein Geisteskranker. Ich überlegte lange und fieberhaft, aber mir fiel keins ein. Ich konnte erzählen, dass ich SPD wählte – aber wen wollte ich damit beeindrucken, wo schon meine pflegebedürftige Urgroßmutter den lieben langen Tag von anything goes und subversiver Affirmation schwadronierte? Das letzte Tabu hatte meines Wissens Jana Hensel geknackt: Verniedlichung des Totalitarismus. Die Zeitungen fanden das toll, aber damit war das Zonen-Ding auch erledigt. Nach Hensel kamen noch fünf bis sieben DDR-Insassen und hängten sich an die Sache dran, aber das war alles so spannend wie das nächste Madonna-Video.

Eine dritte Strategie sah vor, gerichtsnotorisch zu werden. Dazu musste man über seine hässlichen Ex-Freundinnen herziehen, bis sie einen verklagten.

Biller, Herbst und Lentz hatten das vorgemacht, ich fand ihre Bücher phantastisch. Aber auch dieser Weg war mir verbaut, man brauchte hässliche Ex-Freundinnen dazu.

Abschweifung: Natürlich gab es auch Schriftsteller, die mit regulären Mitteln ans Ziel kamen, z. B. durch Qualität. Ingo Schulze etwa, «Simple Storys» war ein überragendes Buch. Genauso Karen Duve, die war Gott. Christian Kracht, Elke Naters. Aber das scheiterte bei mir an Unfähigkeit. Ich musste einen einfacheren Weg einschlagen, z. B. Rumschleimen. Rumschleimen war allerdings nicht besonders beliebt. Rumschleimen stand im Verdacht des Uncoolen. Es gab sogar Leute im Betrieb, die geradezu daran gescheitert waren. (Ich will hier keine Namen nennen, aber man könnte an diesen Lyriker da denken.) Der Rebellengestus galt in der Öffentlichkeit noch immer als der sympathischere, egal, ob man ihn ausfüllte oder nur simulierte. Das ließ sich zwar immer noch unterscheiden, wurde aber nicht mehr thematisiert. Ich war ratlos. Okay, Klagenfurt.

Meine ganze Aufmerksamkeit im Vorfeld galt

der Erlangung des Burkhard Spinnen'schen Wohl-
wollens. In den Jahren zuvor hatte man erkennen
können, dass, wer Juror Spinnen auf seiner Seite
hatte, nicht unterging, jedenfalls nicht auf drama-
tische oder unelegante Weise. Ich hatte mich ausführlich über Spinnens Gewohnheiten (Radfahren),
seine Gesprächsthemen (Luhmann, Romy Schnei-
der) und sein Lieblingsessen (Kartoffeln) erkundigt.
Der Betrieb ist auf eine Weise geschwätzig, man
glaubt es kaum. Ich las zwei Dutzend Bände Luhmann zur Vorbereitung und übte wieder Radfahren.

Außerdem musste ich wissen, mit wem ich es zu
tun bekam: die leidige Konkurrenz. Ich würde nie
den ersten Preis machen, aber ich wollte auch nicht
auf dem letzten Platz landen wie Katrin de Vries
2003, über die von den deutschsprachigen Verlagen
ein Schreibverbot verhängt worden war. Ich googel-
te alle Kandidaten und legte zu jedem eine Akte an.
Ich wollte vorbereitet sein auf die Störmanöver der
Minderbegabten, man kannte das ja. Wochenlang
las ich alle Publikationen aller Teilnehmer, bis hin zu
kleinsten Veröffentlichungen in Literaturzeitschrif-
ten wie «Staubmuschel» oder «deFizit». Nichts blieb

mir erspart oder verborgen. Eine einzige Publikation las ich nicht, die hieß «Edith» oder so ähnlich. Da hatten gleich mehrere Teilnehmer Geschichten inseriert, aber mir wurde so übel vom Layout, dass ich das Heft aus dem Fenster werfen musste.

42   Und ich holte mir telefonische Hilfe. Allein in meinem Bekanntenkreis befanden sich vier ehemalige Klagenfurtteilnehmer. Sie leugneten alle, aber ich hatte Beweise. Die Listen der vergangenen Jahre standen im Internet. «Du armer Irrer», sagte der große Herr S., «du schlechtgefickte Brotspinne.» «Ich will nur wissen, was für Erfahrungen hast du gemacht?» «Geh scheißen, du Fußhupe.» «Aber warum –» «Ich war im Wachkoma, Mann, ich war besoffen, deshalb war ich in Klagenfurt, weil ich besoffen war. Aber du! Du, junger Mann! Du musst bescheuert sein!» Und so weiter und so fort. Ich schätzte den sympathischen Herrn S. sehr, aber seine Ratschläge schlug ich in den Wind. Die anderen Ehemaligen reagierten ebenso, einer täuschte Erinnerungslücken vor, ein anderer ließ sich von seiner Frau verleugnen. Aber, wie gesagt, ich hatte keine Wahl.

II: Praxis

Berlin-Tegel, Wien, Klagenfurt. Beim Einchecken Kandidatin Sabato getroffen, sie schob ihre
Brille auf Halbmast, um mein Autorenfoto nach-
zumachen. Jurorin März im roten Kleid. In Wien
Kandidat Münzner, ein selbst für einen Schweizer
unfassbar ruhiger Mensch, und Georg M. Oswald.
Oswald gleich auf die Krausser-Tagebücher ange-
sprochen, in denen er ständig vorkommt, glücklicherweise einer Meinung gewesen. Dann Pro-
pellermaschine nach Klagenfurt. Smste die tollen
Neuigkeiten an Holm, Holm zurück: «Wenn dein
Flugzeug abstürzt, ist das für die deutsche Literatur,
als ob in China ein Sack Reis umfällt.»

In Klagenfurt große Hitze. Einchecken im Mo-
ser-Verdino, dann meine Schlachtenbummler von
der ZIA abgeholt. Aufregung hielt sich in Grenzen,
sicherheitshalber noch mal zwei Codein nachge-
worfen (wg. Husten). Eröffnung im ORF-Thea-
ter, während Deutschland gegen Tschechien verlor.
Herta Müller hielt die übliche KZ-Rede, dann Aus-
losung der Lesereihenfolge: Ich schon am nächsten

Morgen um 10 Uhr. In Panik ins Hotel gelaufen und versucht, meinen Text in voller Länge zu lesen (nie vorher geschafft), dabei vergessen, Kassettenrecorder einzuschalten. Also am nächsten Morgen wieder geübt, dann ins Studio. Immer Gedanke: In 24 Stunden ist es vorbei. In 10 Stunden. In 2 Stunden. Nicht geschlafen, aber hellwach. In der Maske mitgekriegt, wie Kandidatin Hahn vor mir zerrissen wurde. Kein schöner Anblick. Dann Auftritt.

Jurorin Radisch machte heftig Geräusche, während ich las. Das Publikum lachte ab und zu, ich wusste nicht, warum. Als Radisch mitlachte, dachte ich, sie wäre auf meiner Seite. Dann aber sofort Verriss durch Ebel («öde») und Radisch («kacke»). Von den anderen Lob, Spinnen mit konstruktiver Kritik. Situation wie auf der Kunsthochschule, nur nicht so demütigend (dort ja immer gleich Beleidigungen und Ruf nach Psychiatrie). Hinterher Umarmungen, Zungenküsse (Holm wieder), Journalistenanfragen. Interviews alle abgelehnt, hatte der Welt nichts zu sagen. Mein Agent ein Wellenbrecher. Den Rest des Tages auf Endorphin und Codein, völlig sediert. Abends Fußballgucken, früh ins Bett wegen Schlafdefizit. Verlor mein Handy im Taxi, rief 5 Minuten später den Taxifahrer an, der sagte, da sei kein Handy, ich hätte mit der Hand beim Aussteigen «lange prüfend über den Sitz gestrichen». Er wiederholte den absurden Satz dreimal, dann gab ich auf. Der Kärntner an sich eher schon so ein Jugoslawe, ständig hinter seiner niedrigen Stirn mit Verbrechen beschäftigt. Egal, wo man hinging, man zahlte acht Bier mehr, als man getrunken hatte, im obligatorischen Maria Loretto am Wörthersee noch etwas mehr. Rätselhafter Gedanke im Halbschlaf: Wie eine Partei hier mit Ausländerfeindlichkeit Erfolg haben kann? Sind doch alle selber so.

Am zweiten Tag neue Favoriten. Kandidat Tellkamp sehr gut vorgetragen, gefiel mir, später beim Nachlesen Text überhaupt nicht mehr verstanden, worum ging es da? Musste Hochliteratur sein, zu schwierig für mich. Roß klar und ruhig, Raab unterschätzt. Sabato sprachlich am besten, schreibt, wie man redet, schöne, schlanke Sätze, hätte ersten Preis verdient. Sah auch am besten aus. Am dritten Tag: Helminger, lustig. Helminger war der Einzige, der wie ich zu jedem Teilnehmer eine Akte angelegt hatte, begrüßte mich mit: «Ich les grad deinen Roman, du Sau.» Alle anderen auch sehr sympathisch, aber leicht elfenbeinern, weltfremd. Sabato wusste nicht mal, wer in der Jury sitzt.

Samstagnachmittag Fußball, Literaten gegen Fernsehtechniker, trotz 6:2-Führung noch 7:8 vergeigt. Von den Autoren spielten Roß (ausgezeichnet), Münzner, Helminger, Precht, Geiger (feingliedriger Intellektueller, grätschte hinten alles um) und ich. Jurorin Strigl als Schlachtenbummlerin am Rand, ganz bezaubernd, hatte den trockensten Humor von allen, schlimm gekleidet, reine Lichtgestalt. Abends im Maria Loretto saufen, unter dem besternten Himmel. Kandidat Precht wuchs mir ans Herz mit Anekdoten über Deutschlands besten Verleger, Joachim Unseld. Es ging um gegenseitiges Haarewuscheln, Pointe leider vergessen. Unseld saß daneben, ein kulleräugiger Mann, der entweder sehr betrunken war, oder ich hatte meine Medikamente nicht genommen. «Herrndorf! Du gefällst mir!», rief er. «Herrndorf, du bist ein Blender!» Sprachen über die Mondlandungslüge, Precht natürlich auf Seiten der Verschwörungstheorie. «Ich bin Swedenborgianer», sagte Precht. Artur Becker dann plötzlich auch: er sei auch Swedenborgianer. «Habt ihr mal darüber nachgedacht, was das IST ist?», Unseld. Ich verstand ihn nicht. Er zeigte mit dem Finger in die Mitte unseres Kreises und wiederholte: «Was das IST ist!» Alle nickten, nur ich kapierte nichts. «Das Sein?», vermutete ich. «Nein, das IST, du Blödmann! Das IST!» usw., ein herrlicher Abend. Später noch in der Innenstadt weitertrinken. Becker outete sich als Fetischist, Precht machte Achtzehnjährige klar, Helminger schon wieder lustig.

47

Am nächsten Morgen verschlief ich, mit dem Handy war auch mein Wecker geklaut. Kam eine halbe Stunde zu spät und durchgeschwitzt zur Preisverleihung. War den ganzen Weg gerannt, weil ich nicht als Verweigerer dastehen wollte. Kandidatin Abonji schnappte sich ein Mikro und sagte, der Wettbewerb sei voll scheiße und es sei keine Ehre, hier zu lesen. Auch das supersympathisch, aber glücklicherweise nicht auf Sendung. Tellkamp eins, Roß zwei, Helminger drei, Sabato vier, Herrndorf fünf. Publikumspreis mit 190 Stimmen: Wer das größte Internetforum hinter sich hat, gewinnt.

Wurde einer sehr netten Frau von Rowohlt vorgestellt. Gratulierte sofort zur Entscheidung ihres Verlages, Thor Kunkel zu ficken, da versteinerte ihr Gesicht. Wie ich darauf käme, fragte sie. Nun ja. Ich hätte das alles genau verfolgt und hielte ihn für einen eitlen, dummen Sack. Nazis, Pornos und Waffenschieberei, das wäre schon sehr okay und Authentizität mir wurscht – aber derart langweilig schreiben, das ginge nicht. (Wenn ich schon mal ins Fettnäpfchen getreten bin, dachte ich, dann trete ich auch richtig rein, irgendjemand bei Rowohlt musste diesen Mann schließlich gut gefunden haben.) Stellte sich dann aber raus, dass sie persönlich Kunkel abgeschossen hatte, deshalb die Irritation.

Zwei Honoratioren packten mich am Ellenbogen, stellten sich als Erfinder der Bachmann vor. Der eine mit gelbem Schleimbatzen im Mundwinkel, nicht spuckeartig, eher schon so festere Konsistenz. Beim Sprechen holte die Zunge den Schleimbatzen rein, zwei Sekunden später war er wieder da. Ich aß gerade ein Buttercremehörnchen und starrte auf den Schleim und schluckte, während der Mann zu mir sprach. Dass die Juroren die Texte vorher lesen könnten, sei schlecht, das müsse nach Gehör gehen, wie der Erzähler, der Erzähler – ob ich ihn verstehen würde? «Mh-mh», sagte ich und schluckte. Der Erzähler! Wie der große Germanist Soundso ausgeführt habe, sei der Erzähler ursprünglich einer gewesen, der am Dorfbrunnen seine Geschichten vorgetragen habe, und dann habe man geurteilt! Ohne Text, nur aus dem Klang seiner Worte! Wozu brauche die Jury den Text? Da könne ja jeder kommen! Ich gab ihm völlig recht.

Nachmittags dann wieder Maria Loretto in großer Hitze, starker Tonusverlust, Erschöpfung. Radisch gratulierte zum verdienten Preis. Schnellboot gefahren. Absurde Unterhaltung zwischen zwei Teilnehmern: «Wie viele Preise hast du für deinen ersten Roman gekriegt?» «Fünf.» «Ich nur vier!»

Rückflug mit der reizenden Sabato. Kaputt, totenähnlicher Schlaf. Verwunderung, dass ich ausnahmslos alle supernett und supersympathisch gefunden hatte. Codein abgesetzt.

Zuerst erschienen in: Süddeutsche Zeitung, 17./18. Juli 2004, S. VII.

Bulgarien

50 Es ist ein kalter Februarmorgen, noch nicht ganz hell. Ich stehe am Küchenfenster und schaue hinaus. Ohne erkennbaren Zusammenhang taucht in meiner Erinnerung ein Bild auf, das Bild einer weiß getünchten Scheune auf einem bulgarischen Bauernhof. Ein kleines Portal vor der Scheune, zwei Apfelbäume, und die Sonne scheint. Ich muss einen Moment nachdenken, woher ich das kenne, bis mir einfällt: Ich bin nie in Bulgarien gewesen.

Ich überlege, ob es vielleicht ein Foto war oder eine Postkarte, die mir jemand geschickt hat. Aber das kann nicht sein. In meinem Kopf kann ich um das Gebäude herumgehen und es von allen Seiten besichtigen, ja, ich kann sogar das Bild nach rechts oben verlassen über einen Pfad, der in den Wald führt. Das heißt, ich muss schon mal da gewesen sein. Ich strenge mich an, durchsuche die Kategorien Scheune, Urlaub, Balkan, aber die Erinnerung bleibt aus. Ich setze Teewasser auf, lese zur Tarnung ein wenig in der Zeitung, es hilft alles nichts. Und dann fällt es mir plötzlich wieder ein.

Ich habe einmal einen Roman gelesen, in dem es um einen bulgarischen Revolutionär ging. Er hatte sich auf diesen Bauernhof geflüchtet und in der Scheune unterm Stroh versteckt. Was dann passierte, habe ich vergessen. Nur das Bild ist noch da.

Wahrscheinlich gab es den üblichen Gewissenskonflikt, als er von den Scheunenbesitzern entdeckt wurde, verstecken oder verraten, und eine kleine Liebesgeschichte war sicher auch dabei. Oder? Ein Revolutionär? Wozu gab es in Bulgarien eine Revolution? Ich weiß es nicht. Von einem bulgarischen Schriftsteller kann der Roman jedenfalls nicht gewesen sein. Ich kenne gar keinen bulgarischen Schriftsteller. Wahrscheinlich ein Russe des 19. Jahrhunderts, Turgenjew vielleicht oder Puschkin. Man kennt das ja, ein altes Väterchen, das aus seiner Militärzeit erzählt, wo es auf dem Gut Sowieso siebzehn Werst von Daundda entfernt dies und das erlebt hat, und ein schwarzäugiges Mädchen huscht durchs Bild. Ich bin beunruhigt, ich durchsuche meinen Bücherschrank, aber ich kann nichts finden. Es muss lange her sein, mindestens fünfzehn Jahre, dass ich das gelesen habe. Vermutlich aus der Stadtbücherei.

Dabei weiß ich noch, dass ich mich furchtbar gelangweilt und durch die endlosen Landschaftsbeschreibungen gequält habe, die diese Russenromane mittlerer Qualität so an sich haben. Als Kind habe ich so etwas immer einfach überlesen, alle Beschreibungen, weil ich dachte, es nützt einem schließlich gar nichts, wenn man weiß, ob eine schlecht zusammengehauene Handlung sich zwischen Kiefern- oder Fichtenwäldern, mit Klee bewachsenen Wiesen oder sanften Hügelketten abspielt. Oder den Helden sich in einem noch so ausführlich epithetierten Wald aufhalten zu sehen, wo es diese und jene Baumart gibt, hier eine Felsschlucht und dort eine muntere Quelle. Denn man sieht sowieso immer den gleichen Wald vor sich, den man in seiner Vorstellung immer sieht, sobald man das Wort «Wald» hört. Andererseits gibt es aus dem 19. Jahrhundert vieles, was man überhaupt nur aus atmosphärischen Gründen noch lesen kann. Deshalb habe ich dann später diese Beschreibungen immer ganz genau studiert, weil ich dachte, wenn das Buch schon nicht funktioniert, kann man es wenigstens als Zeitmaschine benutzen. Aber auch das klappt ja meistens nicht.

Da wirft sich zum Beispiel die junge Magd auf dem Hof vor der Gutsherrin auf die Knie mit einer Selbstverständlichkeit, dass der Schriftsteller es nicht für nötig hält, ein weiteres Wort zu verlieren. Doch wie geht das vor sich? Wie fällt man vor einer Gutsherrin auf die Knie? Offenbar war das im vorigen Jahrhundert nichts Außergewöhnliches. Knechte vor Herren, Unterlegene vor Siegern, Liebende vor Angebeteten – im Roman des 19. Jahrhunderts wird pausenlos irgendwo in die Knie gegangen, fast noch öfter als in Ohnmacht gefallen. Ich persönlich habe so etwas aber noch nicht erlebt. Außer im Theater oder im Fernsehen, was die Sache nicht glaubhafter macht. Wie also geht eine junge Magd vor der Gutsherrin in die Knie? Lässt sie sich tatsächlich aus dem Stand fallen? Oder macht sie die Bewegung langsam, so wie man es für sich allein wohl tun würde? Geht sie erst in die Hocke, senkt dann die Knie und richtet den Oberkörper gerade? Oder stützt sie sich mit den Händen dabei ab? Wäre das nicht albern, eine Unterwerfungsgeste wie eine Turnübung? Und wo schaut sie hin, während sie kniet? In den Schoß der Gutsherrin, der sich jetzt auf der Höhe ihres Gesichts befindet? Wie weit entfernt steht die Herrin, der sie mitteilt, dass sich ein verletzter Revolutionär schon seit mehreren Tagen in der Scheune aufhält? Die Gutsherrin wendet sich ab. Was aber tut die Magd? Ist sie schon wieder auf den Beinen? Das wäre wohl voreilig. Für wenigstens den Bruchteil einer Sekunde kniet sie allein auf dem Hof, der Stelle gegenüber, auf der kurz zuvor noch ihre Gutsherrin gestanden hat. Empfindet sie jetzt wenigstens die Merkwürdigkeit, vor einem Nichts zu knien? Ist es möglich, sich ohne Verlegenheit aus dieser Lage zu erheben? Springt sie genauso dramatisch auf, wie sie niedergefallen war? Nimmt sie jetzt ihre Hände zu Hilfe? Und wie sehen ihre Knie danach aus? Was, wenn sie sich auf einen spitzen Stein gekniet hätte? Was, wenn sie Gonarthrose gehabt hätte? Ist das alles nicht viel wichtiger als diese dämliche Revolution? Der Romanautor schweigt.

Nicht genug damit. Rückblende: Der angeschlagene Revolutionär kommt auf dem lehmigen Pfad aus dem Wald gekrochen und verschanzt sich in der Scheune. Der Hof, der wahrscheinlich schon bessere Zeiten gesehen hat, besteht weiterhin aus einigen Ställen für das Vieh und dem etwas entfernt gelegenen Gutshaus, in dem zwei Fenster erleuchtet sind. Am nächsten Morgen treibt der Hunger den Helden aus der Scheune und er schleicht sich nach rechts auf das Gutshaus zu … nach rechts … wieso nach rechts? In meiner Vorstellung steht das Gutshaus links von der weiß getünchten Scheune.

Soll ich das jetzt ignorieren? Als Nächstes wird der Held mit Sicherheit vom Gutshaus zur Scheune zurückschleichen, und dann geht es im Roman wieder nach links. Muss ich mir also eine neue Vorstellung machen. Aber das Gutshaus von links von der Scheune nach rechts zu befördern, ist anstrengender, als wenn man es in der Wirklichkeit in seine Einzelteile zerlegen und an anderer Stelle wiederaufbauen wollte. Auch die Ställe und der Waldweg müssten auf die andere Seite gebracht werden, um Platz zu machen für das Gutshaus, eine Punktspiegelung ist erforderlich, und die neu zusammengestümperte Geographie erreicht niemals mehr die strahlende Realitätsmacht der ersten Einbildung.

Und das ist nun das Seltsamste: Obwohl ich mich an diesen Roman überhaupt nicht erinnern kann, den ich nur aus Pflichtgefühl zu Ende gelesen habe (ich habe früher jedes Buch zu Ende gelesen), obwohl ich nicht weiß, wofür es im 19. Jahrhundert eine bulgarische Revolution gab, obwohl der Gewissenskonflikt überflüssig und die Liebesgeschichte nichtssagend waren, obwohl ich das alles längst vergessen und mich niemals wieder daran erinnert habe – steht an diesem Februarmorgen, fünfzehn Jahre danach, während ich aus dem Fenster schaue und das Teewasser kocht, eine weiß getünchte Scheune in mir herum. Mächtig und strahlend wie eine Kindheitserinnerung, im diffusen Licht des bulgarischen Himmels, mit einem kleinen Portal davor und zwei Apfelbäumchen.

Zuerst erschienen in: Volltext. Zeitung für Literatur, 3/2004, S. 25.

Outtake: Tschick

Einmal sollten wir ein Gedicht schreiben. Da hatten wir monatelang Gedichte gelesen und analysiert, Goethe, Schiller, Hebbel, so die Richtung, und das sollte jetzt weitergehen mit modern. Nur dass modern keiner mehr verstand. Einer hieß Celan und ein anderer Bachmann, da hätte man Simultandolmetscher gebraucht.

«Lyrik ist die Sprache der Gefühle», hat Kaltwasser uns immer wieder klargemacht, und wer das in seinen Aufsatz schrieb, hatte schon mal eine Drei sicher: Lyrik ist die Sprache der Gefühle. Nur dass einem das bei diesem Celan auch nicht weiterhalf, und das Ganze endete damit, dass Kaltwasser fragte, wer denn schon mal selbst so was probiert hätte. Ein Gedicht schreiben. Keiner natürlich.

«Das ist nichts, wofür man sich schämen muss», sagte Kaltwasser und wartete.

Zwei Mädchen meldeten sich, Natalie relativ

schnell, und Marie erst, nachdem sie rot geworden war.

«Mehr nicht?», fragte Kaltwasser, und dann meldete sich André. André Langin. Der schöne André. Hätt ich fast gekotzt. Und das Schlimmste war: Das brachte die Festung zum Einsturz. Nachdem André sich gemeldet hatte, meldete sich nach und nach fast die Hälfte der verblödeten Mädchen, die alle schon mal «na ja, so was, was sich reimt» gemacht hatten, und noch zwei Jungs. Einer davon der Nazi. Der meldete sich, wie er sich immer meldete: Ellenbogen auf den Tisch und dann schlapp irgendeinen Finger krumm in die Luft gehalten, gern auch den Mittelfinger. Und der wollte jetzt also auch schon mal ein Gedicht geschrieben haben. Ich war anscheinend so ziemlich der Einzige, der noch nicht auf die Idee gekommen war. Wobei leider nicht geklärt wurde, *wer* denn da *was* genau produziert hatte.

Bei dem Nazi konnte man schon davon ausgehen, dass das eher nicht so «Frühling lässt sein blaues Band» und so war. Wobei ich den Nazi nicht kannte. Keiner kannte den genauer. Vielleicht hatte er ja ein total gefühlsmäßiges Innenleben? Nur einmal hatte ich ihn außerhalb der Schule getroffen. In der S-Bahn, auf dem Weg ins Olympiastadion, zusammen mit hundert anderen grölenden Hertha-Spacken. Womit ich nicht sagen will, dass alle Herthaner Spacken sind. Ich bin früher auch mit meinem Vater ins Stadion gegangen. Aber die Ostkurve ist halt schon völlig verspackt, und das Komische ist, dass alle diese Hertha-Vollirren eine wahnsinnige Freude an Gedichten haben. In der S-Bahn den ganzen Weg zum Stadion immer: Sprechgesang, Jambus, Reimschema, alles. Nur dass der Inhalt eher nicht so goetheartig ist. Das geht schon immer mehr Richtung Türken, Auschwitz, Baseballschläger. Wir sind die Blauen, wir sind die Weißen, wir sind die, die auf die Schalker scheißen – und ich vermute, solche Gedichte wird der Nazi in seiner Freizeit dann wohl auch gedichtet haben. Womit er Kaltwassers Anforderung ja erfüllt gehabt hätte: die Sprache der Gefühle. Aber, wie gesagt, nach Inhalt wurde nicht gefragt. Weil, Kaltwasser ging es jetzt um die Hausaufgabe, und die war, dass wir eben alle auch mal so was machen sollten. Wir wüssten ja jetzt, wie das geht, Kreuzreim, Dings, A-B-A-B. Und dann noch *Stilmittel*.

Aus irgendwelchen Gründen hatte ich die Hausaufgabe am nächsten Tag aber vergessen, und als Kaltwasser dann tatsächlich jeden Einzelnen der Reihe nach aufgerufen hat, hab ich mich erst mal auf Toilette verabschiedet. Mit Zettel und Füller. Und da saß ich dann auf dem Klodeckel und dachte, hau ich halt schnell einen Vierzeiler zusammen. Was strategisch unklug war, weil ich auf die Weise ja das Gedicht von Tatjana verpasste, und wenn mich eins auf der Welt interessierte, dann, wie Tatjanas Sprache der Gefühle aussah. Wäre ich also besser in der Klasse sitzen geblieben und hätte einen Eintrag kassiert. Aber, wie gesagt, das fiel mir zu spät ein auf dem Klo. Und dann wusste ich auch nicht, was ich überhaupt schreiben sollte. Sprache der Gefühle. Ich hatte schon seit Monaten nur noch ein einziges Gefühl gehabt. Und so hab ich dann auch angefangen. *Ich kann an gar nichts anderes denken*, erste Zeile. Und schon bei Zeile zwei war ich mächtig am Schwimmen. Tatjana, param param, mein Herz, hier fehlt ein Wort, param, irgendwas mit schenken. Herz schenken. Geschenk schenken. Oh Mann.

Wenn man über Liebe und so was schreiben

will, sollte man wahrscheinlich schon länger darüber nachdenken als fünf Minuten auf dem Schul-
klo. Hat Goethe bestimmt auch gemacht. Außerdem hatte ich nicht wirklich vor, ein Gedicht über
Tatjana zu schreiben. Aber wenn nicht über Tatjana,
worüber dann? Eins über mich? Über die Natur?
Über das Klo? Türken? Auschwitz? Mir fiel nur
Quark ein. *Ich liebe dich, du blöde Sau, während ich
ins Jungsklo schau.* Nee, nee. Vielleicht doch besser
harmlos machen die Sache – wie hieß das noch?
Metaphorisch, genau. Einfach die Liebe weglassen
und über die Landschaft reden. Und am Ende stellt
sich raus, es ist gar keine Landschaft gemeint, sondern Frau von Stein. *Der Winter kommt. Die Luft ist
kalt. Ich hab kein Schal, Herr Rechtsanwalt.* Nein.

Als ich in die Klasse zurückkam, hatten schon
fast alle gelesen. Die Reihe war an meinem Platz
längst vorbei, und nur die zwei hinteren Bänke kamen noch. Den größten Erfolg hatten Jungen, die
die Wörter «Scheiße» und «Arsch» in ihren Gedichten untergebracht hatten. Wobei «Arsch» das
Schwierigste zu sein schien, quasi Königsdisziplin.
Da spielte gleich in zwei Gedichten von der letzten

Bank irgendein Fluss die Hauptrolle, damit näm-
lich ein Barsch in dem Fluss schwimmen konnte.
Und was war das für eine Begeisterung am Ende,
wenn das Reimwort kam! Nur Kaltwasser mochte
es nicht so.

62 Die Stunde war fast um, und ich hoffte schon,
nicht mehr dranzukommen. War aber leider nicht
so. Kaltwasser setzte ein feines Lächeln auf, über-
blickte die ganze Klasse und sagte: «Unser Freund
Maik Klingenberg. Dann lies doch mal vor, was du
da in fünf Minuten über dem Urinal zusammenge-
kritzelt hast. Wenn 's Versmaß stimmt, mach ich
nicht mal einen Eintrag.»

Immer dieses Problem mit den Erwachsenen.
Einerseits blicken sie's oft nicht. Aber dann blicken sie's wieder. Kaltwasser blickte es meistens. Ich
packte meinen Zettel aus und las. «Ich liebe dich –»

«Ich liebe dich? Was? Lauter!», rief Kaltwasser.

«Ich liebe dich.
Und ganz egal.
Der Winter kommt.
Ein warmer Schal

Ist besser als ein kalter.
Ich bin zu hässlich für mein Alter.

Du bist zu schön.
Und das vergeht.
Das ist nicht neu.
Nichts bleibt, nichts steht.
Ein Lada steht im Parkverbot.
In hundert Jahren sind wir tot.»

«Soso. Wir können schon Ironie», sagte Kaltwasser.
«Na – das hätte Goethe in fünf Minuten auch nicht
besser hingekriegt.»

Wolfgang Herrndorf, 1965 in Hamburg geboren und 2013 in Berlin gestorben, hat ursprünglich Malerei studiert. 2002 erschien sein Debütroman «In Plüschgewittern», 2007 «Diesseits des Van-Allen-Gürtels», 2010 und 2011 folgten die Romane «Tschick» und «Sand», 2013 das posthum herausgegebene Tagebuch «Arbeit und Struktur» und 2014 der Fragment gebliebene Roman «Bilder deiner großen Liebe». Eine Gesamtausgabe seiner Werke folgte 2015.

SCHENKEN SIE (SICH) EINE «AUSZEIT»

AUSZEIT
↓
LESEZEIT !

Kurze Texte
für zwischendurch:
unterhaltsam,
humorvoll,
inspirierend.

rowohlt.de/auszeit